编 写 说 明

　　本教师用书是为使用乘风汉语课件进行课堂教学的教师编写的，目的是帮助教师更好地从总体上认识该课件，了解其特点和设计思路，把握每集的教学内容和要求，从而更有效地发挥课件的优势，取得满意的教学效果。

　　本书的内容包括两个部分，一是使用乘风汉语课件进行课堂教学的总体说明，二是供教师参考的每集具体的教学安排。

　　本书首先从总体上简要介绍了乘风汉语课件的特点、设计思路和教师的作用等等，并对课件的构成，包括各主要模块和子模块的内容以及它们之间的关系等作了较为详细的解释，同时对各部分内容在课堂上如何处理作了总体说明。

　　每集的教学安排包括对该集主要学习内容和教学步骤的详细说明。主要学习内容包括学生应该学习和掌握的交际任务、主要用语、词汇、语法和文化项目几个方面，老师可以从总体上把握教学内容的主次、详略。

　　每集的教学安排根据课件设计者的思路，并结合课堂教学的特点，设计了教学步骤和方法，同时补充了部分课堂练习，如在每集的故事欣赏部分都准备了一些问题，这些问题遵循由易到难、由整体到细节的顺序，供教师在课堂上检查学生对故事的理解情况用。

　　另外，每集的教学安排中还设计了一些可以在课堂上使用的交际活动，以增加课堂上学生之间的互动，活跃课堂气氛。

　　本书只是为使用者提供参考性的教学步骤和教学方法，教师可以按照学生的具体情况进行适当的调整，以使自己的教学更具有针对性。

　　欢迎老师们在使用本书的过程中提出意见和建议。

编 者

2004年8月

目 录

中美网络语言教学项目
U.S.-CHINA E-LANGUAGE LEARNING SYSTEM

中国国家汉办规划教材

乘风 汉语

CHENGO

教师用书 1

CHINESE

Teacher's Book

中美网络语言教学项目

高等教育出版社
Higher Education Press

教材项目规划小组

使 用 说 明

欢迎您使用乘风汉语课件！乘风汉语是使用现代化网络手段和教育技术进行汉语教学的第一套完整、系统的学习课件，是中美两国政府教育合作的重要成果。

乘风汉语课件的特点

◎乘风汉语课件生动、有趣。

乘风汉语课件所针对的对象为12～18岁学习汉语的青少年。课件充分考虑了青少年学习者的心理要求，注重激发他们的兴趣，采用先进的现代化技术（如flash动画技术、语音识别技术和汉字手写识别技术等），将大量的语言学习任务融入趣味活动之中，做到寓教于乐。

课件从学习内容的展示到语言交际技能的训练，都充分发挥网络和多媒体手段的优势，通过对学习者视觉、听觉甚至触觉的多重刺激，加深他们对学习内容的印象，增强学习效果。

◎乘风汉语课件科学、实用。

乘风汉语课件吸收了汉语研究及汉语作为第二语言教学研究的最新成果，在内容的编写、组织方面尽可能做到科学性、实用性和趣味性的统一。

课件内容以交际任务为主线，引入最常用、最典型的语法结构和词语。从学习者的实际学习和生活所需出发安排交际任务，在注重培养学习者交际技能的同时兼顾语言知识的积累。

课件很重视语言和文化的结合，尽量让学习者在学习汉语的同时加深对中国社会和文化的了解，为他们汉语学习的可持续发展打下良好的基础。

◎乘风汉语课件方便、好用。

乘风汉语课件用户界面简洁、方便。为了便于学习者自学，以及教师使用课件进行课堂教学，课件设计了默认学习路径。在相应的界面中以飘动的小旗为标志。教学活动可以沿着标有小旗的内容，逐步展开，以体现由浅入深、由理解到表达、循序渐进的思想。

课件还非常重视配套资源的建设，努力为使用者，特别是教师，提供各种教学资源，包括语言知识的解释、历史文化图片等等，以便于使用。

关于教师的作用

需要指出的是，在使用本课件进行教学的过程中，教师可以发挥极其重要的作用。

首先，作为一种交际工具，语言的学习离不开交流与运用。虽然网络教学、计算机辅助教学等形式在

语言教学中的应用日益广泛，越来越多的学习者可以通过计算机接受大量的目的语语言与文化输入，语音识别技术的发展也为（人机的）双向交流（two-way communication）提供了机会；但是，电脑毕竟不是人脑，人机互动毕竟不能代替人际交流。教师作为学习者的语言伴侣或者说是合作者，其作用电脑无法代替。例如，电脑在针对特定的学习者个体或者群体作出精细的输入和互动调整方面还存在困难。不同的学习者，在第二语言学习中遇到的问题可能不同，在使用第二语言进行表达的过程中出现的偏误可能各异。教师能为学习者提供更有针对性的反馈和帮助，他们在和学习者的互动中，会不断作出输入和互动调整，以适应学习者的需要。再如，第二语言学习中，一些主观和客观因素起着非常重要的作用，如学习者的精神状况、情感、态度、学习动机和学习者的第一语言等，许多是电脑无法观察到因而无法在学习者的学习过程中进行干预的。而语言教师在教学中可以随时针对学生情感状态和具体背景，在语言教学过程中进行干预。这也是计算机无法完成的。

其次，作为教学的组织协调者，教师能在教学过程中，充分利用学习者自身的潜力，组织学习者进行交流与互动，而这种交流与互动对第二语言学习，特别是课堂上的学习是至关重要的。

本课件在设计过程中，也为教师进行课堂教学提供了尽可能多的便利，从语音、词汇、语法、汉字和文化知识的解释到针对不同语言技能的练习，教师都可以直接从课件相应的资源库中调取，课堂上只需要根据学生的具体情况做相应的调整。教师可以将主要精力放到课堂的组织上，充分发挥作为学习者语言学习顾问和合作者的作用。

课件的构成及教学安排

乘风汉语课件以不同的交际任务为主线，将相应的言语功能项目、语法结构和常用词语融入其中。每集课件包含"学一学"、"练一练"、"试一试"和"玩一玩"四个模块。

每集前设有"故事预览"，目的是让学生对本集故事的内容有大致的了解，作为最初级的学生，至少在开始阶段听纯汉语对话时会感到很大的压力，虽然有场景线索，但从对话中理解说话人的意思是一件很艰巨的任务。"故事预览"可以在一定程度上减轻学习者的压力，增强他们的信心。

对于每集内容的学习，乘风汉语课件设有默认学习路径，通过导航器控制。学习者进入新的一集以后，首先进入的是导航器，它为学习者提供有关此前他／她所学内容的信息，并给学习者提出下一步学习的建议（通过飘动的旗帜提示），系统默认的学习路径大致遵循"学一学"、"练一练"、"试一试"和"玩一玩"的顺序。如果学习者不希望按照默认路径前进，则需要对系统提出的确认请求作出反馈。上述四个模块中，前两个模块还设有自评，目的是提示学习者学完当前模块的内容再进入下一步。

在课堂教学中，总体顺序大致也需要沿着上述路径，不过教师可以根据学生的具体情况，安排教学顺序、分配教学时间。特别是模块内部的不同部分，如"学一学"中的"场景探索"、"语言注释"和"文化注释"等，其处理的先后顺序并不总是严格不变的。

本书在第一集中对课件结构、教学安排和教学指导方面给予了较为详尽的介绍，其他集重点介绍本集的具体教学内容，相同的内容则适当省略。

学一学 (Model)

"学一学"模块又分"故事欣赏"、"故事朗读"、"场景探索"、"文化注释"、"语言注释"和"自评"6 个部分。实际学习内容为前 5 个部分。

"故事欣赏"相当于传统教材的"课文"，主要是以 flash 短片展示汉语的交际场景，让学生"置身"于汉语的交际中。学习者能同时接受声音和图像的刺激，在故事中理解目标语言，接受目标语言的"可懂输入"。

"故事朗读"部分，将故事分解成一个个句子，以拼音和汉字的形式展示给学习者，让学习者在听句子的同时，熟悉其书写形式。学习者还可以将鼠标指向句子，以查看句子的英文翻译。这部分的目的是让学习者听辨和理解从语流中切分出来的一个个句子，并且可以模仿和跟读，以培养自己的汉语语感。同时它还有助于学习者建立汉语语音、汉字和意义之间的联系。

"场景探索"部分，为学习者提供了相关场景中经常出现的一些物品的名称，这些物品也是现实生活中经常接触到的。各集"场景探索"中的词多与本集的场景或功能相关。一些词在不同集中多次出现，其作用或是帮助学习者复习前面学过的词语，或是为了以后学习该词语做准备。这部分对学习者更好地建立词的形、音、义之间的联系，进而进行灵活运用很有帮助，同时还能帮助学习者对一些语义场中相邻的词有初步的认识。"场景探索"提供的扩充词汇，可以由学生在课上或课后自学，老师检查学习效果，以督促学生学习。

"文化注释"部分，介绍了和所在集相关的文化现象和知识，目的是让学生更多地了解中国文化，特别是和日常语言生活有关的文化现象。其中部分注释对汉英两种语言所体现出的文化差异进行了比较，以便加深学生对文化差异的了解和认识，提高他们进行跨文化交际的能力。"文化注释"部分提供了英语的文字说明和相关图片，老师在课堂上可以有选择地介绍一些与学习者语言交际密切相关的文化知识。例如第一集中的"中国人的姓名"、"关于'老师'"等，与学生的汉语交际直接相关，需要作为重点，让学生掌握。其他项目则视学生的要求而定，如果学生很感兴趣，老师可以做更详细的讲解。否则，只要求学生自学。这部分的一些内容可能会出现在"玩一玩"模块的游戏中，所以要提醒学生仔细阅读注释。

"语言注释"部分对所在集中出现的重要语言现象做了简要的介绍，特别是对以英语为母语的学习者可能出现的问题做了有针对性的说明，并通过实例对有关语言项目的用法和注意事项进行了说明。大部分的注释还配有练习，以便学习者巩固所学习的内容。"语言注释"部分，从第二语言习得的过程来看，对学习者是很有帮助的，它能帮助学习者关注可能忽略的语言形式——因为借助各种线索，学习者在理解语言的意义上没有遇到问题，因而有可能在没有注意到这些语言形式的情况下就完成了交际任务。"语言注释"除了课件的例子、讲解和练习以外，老师可以做适当的补充，但不必讲求系统、全面。

"学一学"模块最后设有"自评"环节，目的是提醒学习者完成该模块的学习后再进入下一个模块。因为学习者只有在这阶段做了充分的准备，才能更好地完成下一模块中的任务。

每集的"学一学"模块在学生语言学习的整体环节中，属于输入阶段，是学习者接受和内化目的语结构

与规则，继而进行表达的前提。因而在课堂教学中需要作为核心内容，给学生以充足的时间，保证学生理解故事情节，并初步熟悉与该集交际任务对应的语言知识。

每集的故事一般可以分为几个场景，教师在实际教学中可以分场景处理，也可以将各场景作为一个整体处理，视故事总体长度定。教学中"故事欣赏"部分可能需要多次重复，直到学生能完全理解故事内容。重复的形式可以灵活多样，例如可以和"故事朗读"结合起来，进行教学。具体做法如：第一遍先完整欣赏一遍故事；然后再分场景欣赏故事、朗读故事，每个场景可能需要重复数遍，直到学生明白故事内容；故事朗读要求学生能较流利地读出所有的句子。分场景处理完毕后，最后可将整个故事连起来。在"故事欣赏"环节中，老师最好给学生交代特定的任务，如回答问题、选择题等（详见每集的教学安排），使他们有较明确的目的，以提高欣赏故事时的注意力。

在"学一学"模块中，教师除了组织课堂活动以外，在"故事欣赏"或者"故事朗读"等环节，还可以帮助学生纠正发音错误，引导学生进入故事，代替课件中的老师和学生进行角色扮演（role play）等等。

练一练（Practice）

学习者在完成了"学一学"模块以后，初步掌握了相关的语言文化知识。这些知识还只是停留在理解的阶段，为了提高他们对这些语言形式的关注，课堂上有必要进行一定数量的侧重形式的练习。只有让学生进一步对目标语言结构进行深度加工，才能使学习者获得的输入（input）转化为摄入（intake）。基于这样的认识，乘风汉语课件设计了"练一练"模块。

"练一练"模块包含"词语表"、"理解"、"表达"、"汉字"、"语音"和"自评"等内容。

"词语表"部分列出了所在集的生词及少数作为呈现内容（不要求在该集中掌握）出现的词语，表中有词语的读音和英文释义。学生在学习了课文和生词后，应对生词进行集中复习、巩固，可以反复听这些生词的发音。学习者在完成"练一练"模块的大部分活动，特别是词语活动时，都可能需要它的帮助。

"理解"部分包括词、词组和句子的有关练习。一般先练习词，再练习词组和句子。练习以"活动"为单位，每集根据教学需要设计2~5个活动。练习形式包括词的形音义搭配、根据英文释义组织汉语句子、汉语词组或句子与其英文翻译的匹配等形式，这些练习旨在加深学生对所学词语或句子的理解。

在理解性活动的基础上，学生需要完成后面的表达性练习，即"表达"部分。这部分一般是小对话，先有理解性练习，然后才有表达。这样由浅入深的安排，不仅可以减轻学习者的心理负担，而且可以促进学习者习得目的语知识。

"汉字"包括两个部分："汉字故事"和"汉字书写"。"汉字故事"从课文中选取3~5个比较典型的汉字，在简单介绍字义演变的基础上，重点介绍与这些汉字有关的文化内容，旨在引起学习者的兴趣。"汉字书写"选取最常用的4~6个汉字，通过演示和手写识别技术，让学习者学习书写这些汉字。"书写"部分还在合适的时候就有关书写规则进行简单介绍。

"语音"部分包括系统的汉语发音练习，从声韵调到词、词组和句子的发音练习都有所涉及，而且每集练习的语音内容和该集重点词、重点句密切联系。语音部分的设计旨在提高学习者发音的标准性,为他们说地道的普通话打好基础。

"练一练"模块最后设有"自评"环节,目的是提醒学习者完成该模块的学习后再进入下一个模块。因为学习者只有在这阶段做了充分的准备,才能更好地完成下一模块中的任务。

试一试(Apply)

该模块中的练习项目是对"能否使用最核心的功能项目或语言形式完成交际任务"的检查,它要求学习者将学到的语言文化知识综合运用,来解决实际的交际问题。

"试一试"模块的设计力求通过电脑模拟技术,向学生展示现实环境中的语言使用情况;通过语音识别技术和反馈支持为学生和计算机的互动提供保障,使学生能参与近乎真实的交际活动。

"试一试"模块的任务一般分为两个层次,前一个(或一部分任务)为后面的任务做铺垫。因而在教学中,需要遵循课件原有的顺序。最后的活动为了避免学习者出现挫折感,还准备了他们需要表达的内容。

在这部分,老师可以视具体情况,把人机对话变成师生之间的对话,或者在人机对话的基础上引入相似的任务,要求学生和同伴或老师进行对话。这样,一方面可以帮助学生解决可能遇到的语音识别问题,同时也可以增强交际的真实性和挑战性。

玩一玩(Play)

该模块为课件的学习增加了趣味性,同时也让学生在游戏中复习了所学的内容,使学生获得成就感和学习动力。对一些学生来说,仅仅是具有挑战性或者趣味性就可能成为他们学习的动力。因此,在教学中如果能适当运用游戏,不但能帮助学生复习所学的知识和技能,还能增强学生的学习动力。

"玩一玩"模块的游戏可以有选择性地在课堂上完成。有些游戏针对性较强:或针对特定的声、韵、调,或针对某些新学的词语。完成这样的游戏需要以相应内容的学习为基础,因此最好由老师在时机成熟的情况下组织学生进行。有些游戏可以让学生分组比赛,有些可以全班同学一起进行比赛,以增加游戏的竞争性和趣味性。

我们相信乘风汉语课件必将为汉语学习者带来无穷的乐趣;为汉语教师提供丰富的资源和极大的便利!

第一集　你好

本集主要教学内容

交际任务		1. 能够使用简单的礼貌用语跟别人打招呼 2. 进行最简单的自我介绍
语言项目	**主要用语**	1. 你好! 2. 我是…… 3. 很高兴认识你!
	词汇	我、你、老师、这、脸谱、什么、马 认识、对不起、好、是、高兴 很
	语法	"是"字句
文化项目		1. 中国人的姓名 2. 关于"老师" 3. 自我介绍 4. 脸谱

本集教学的核心内容包括上面所列的语言、文化项目,最终目标是让学生能够使用这些语言文化知识,完成本集的交际任务:使用简单的礼貌用语跟别人打招呼,进行最简单的自我介绍。

课堂教学大致遵循"学一学"、"练一练"、"试一试"和"玩一玩"的顺序。

⊙ 剧情预览

登录以后,进入剧情预览部分,浏览 storyline 和 new roles,完成有关的活动。

● 浏览 storyline 部分

学生浏览后对本集内容会有初步的认识。

● 浏览 new roles 部分

因为本集是课件的第一集,所以在此加设了 new roles 部分,帮助学生熟悉人物角色,此后各集中的许多人物大多在此做了自我介绍。为了让学生对课件中的主要人物留下印象,可以较仔细地观看这部分,要求学生在看第一遍时至少记住一个角色的汉语名字,同时找出这些人说的一个共同词语是什么。(答案:你好)

看完第二遍以后,检查学生对陆大伟、韩江、王子欣这三个名字的熟悉情况。目的是让学生尽快熟悉故事中的人物,同时使学生对"你好"的用法有初步印象。

⊙ 学一学

"学一学"模块由故事欣赏、故事朗读、场景探索、文化注释、语言注释和自评6部分组成。

● 故事欣赏

本集的故事可以分为3个场景：

▶ 场景一

韩　江：你好，陆大伟！
陆大伟：你好，韩江！
跑步人：你好！脸谱！
陆大伟：你好，脸谱！
骑车人：你好！脸谱！
陆大伟：你好，脸谱！

▶ 场景二

王子欣：你好！
陆大伟：你好，脸谱！我是陆大伟。
王子欣：我是王子欣，很高兴认识你。
陆大伟：你好，脸谱，韩江！
韩　江：你好，陆大伟！
陆大伟：这是王子欣。
韩　江：你好，王子欣！很高兴认识你。
王子欣：你好，韩江！很高兴认识你。

▶ 场景三

韩　江：你好，老师马！啊，对不起对不起，马老师。
马老师：你好，韩江！
王子欣：马老师好！我是王子欣，很高兴认识马老师。
陆大伟：马老师，你好，脸谱！
马老师：脸谱？这是脸谱。
陆大伟：什么？
马老师：这是脸谱！
陆大伟：啊，你是脸谱！
王子欣：你好，脸谱！我是王子欣，很高兴认识你！

总体欣赏

课堂上，可以让学生先完整欣赏一遍故事内容，事先要求学生看完后回答一两个全局性的问题。如：

What kind of error did David make when he said hello to others?

Did all the three students make errors when they said hello to Teacher Ma?

在完成故事的整体欣赏后，可以检查学生是否能回答事先准备的问题。只要学生明白大概的意思即可。

Answers:

He put *lianpu* after *Ni Hao* when he said hello to others.

No, Cindy did not make any error when she said hello to Teacher Ma.

老师在此需要对学生如何使用学习策略进行简要的说明，应提醒学生：在学习汉语的过程中会有各种错误，正如陆大伟、韩江一样，这不是一件丢人的事情。实际上，老师鼓励学生在遇到自己不明白的语言现象时进行猜测，在进行猜测以后；应该有意识关注老师或者以汉语为母语者进行相应表达时是否也使用了相同的结构，以验证自己的猜想正确与否、是否需要修正。

分场景欣赏

在完成了故事的整体欣赏后，根据故事的3个不同场景，进行分场景欣赏。

首先学习场景一，学生看完一到两遍以后，回答问题：

On his way to the classroom, who did David meet?

What did he say to them?

What was the difference between his greetings to John and to Ross?

确认学生理解故事第一场景的内容后，开始第二场景的学习。在学生观看flash以前或以后提出针对本场景的理解性问题，如：

Did they all know each other before they came to the classroom?

How did David make the introduction of Cindy to John?

以同样方法完成第三场景的"故事欣赏"。提出理解性的问题，如：

What kind of mistake did John make when he greeted Teacher Ma?

When did David realize his error?等等

确认学生明白每个场景的意思之后，再将整个故事连起来欣赏一遍。

● 故事朗读

根据"学一学"模块中的"故事朗读"部分，让学生朗读故事中的句子，如果还有不理解的句子，可以通过将鼠标停留在该句上的方法获得句子的英语意思。

"故事朗读"部分也可以和"故事欣赏"部分相结合，即，按三个场景处理，每个场景的"故事欣赏"活动完毕，直接进入对应该场景的"故事朗读"部分。

本部分朗读可以采用角色扮演的形式，将学生分组，小组内每个人扮演故事中的一个（或两个，如果学生人数很少的话）不同角色，进行对话。老师为有困难的学生提供帮助。最后各组在全班表演。

● 场景探索

本集场景探索的两个场景及呈现的词是：

场景一		场景二	
1. 房子	house	1. 桌子	desk
2. 树	tree	2. 椅子	chair
3. 汽车	bus	3. 地球仪	globe
4. 草地	grassy area	4. 花	flower
5. 湖	lake	5. 天坛	the Temple of Heaven
6. 山	mountain	6. 对联	a pair of scrolls containing a poetic couplet
7. 邮筒	mailbox	7. 地图	map
8. 椅子	chair	8. 书	book
9. 秋千	swing	9. 门	door

这部分内容可由学生课后自学，也可在课堂上要求学生学习。老师需要检查部分词语。

方法一：学生根据老师说的词指认教室里的桌子、椅子等实物或课件中的图片。

方法二：老师指实物或课件中的图，学生说出名称。

方法三：学生告诉班里的同学，哪些东西自己的房间也有，哪些没有。

● 文化注释

本集文化注释中，除了"脸谱"，别的都可以给学生做较为详细的介绍，至少要求学生对课件中的注释进行认真阅读。课上老师可以用英语对自我介绍的方法等做必要的解释。并当场检查，看看学生是否掌握。

● 语言注释

本集的语言点注释内容包括"你好"和"马老师"（以职业或头衔称呼别人的方法）。

"你好"的用法通过两幅画面中人物的对话进行展示。

以职业或头衔称呼别人的方法，注释中强调了职业或头衔需要置于姓之后。可以结合场景二中的问题，引出此注释。方法是重复问题 what did John call Teacher Ma in the story，通过该问题引导学生关注"老师"和"马"的位置关系，进而说明相关的知识。

本集的注释中以 Professor Zhang、Doctor Wang、Mr. Lu 和 Miss. Wang 与"张教授"、"王大夫"、"陆先生"和"王小姐"的对应关系为例做了演示（汉语称呼只有发音，未提供汉字）。

● 自评

"学一学"模块设有"自评"环节，目的是提醒学生完成该模块的学习后再进入下一个模块。因为学习者只有在这阶段做了充分的准备，才能更好地完成下一模块中的任务。

⊙ 练一练

"练一练"模块包括词语表、理解、表达、汉字、语音和自评6个部分。

● 词语表

词语表列出了本集的13个生词和出现在本集但不要求掌握的"啊"。词语表包含词语的读音和英文释义。词语表可供学生在学习了课文和生词之后，对生词进行集中复习、巩固。在完成"练一练"模块的大部分活动，特别是词语活动时，都可以借助词语表。学生可以自己通过点击词右侧的喇叭图标反复听词的读音。

● 理解

"理解"部分包括词和句子（或短语）的练习。练习以"活动"为单元。活动1和2是16个词语练习，练习形式是词和意思的匹配，词语的意思通过英文翻译或者图片表示。学习者将词（汉字形式）跟英文解释或图片匹配，方法是拖动生词，把它放到相应的英文解释或图片上，如果正确则词停留在该处；匹配不对，则出现错误提示音。活动1中学习者可以自己通过点击界面上的喇叭图标听到词的读音。

活动3要求学习者将句子或短语与右侧的英文解释进行匹配。练习内容是本集的重点句式"你好"、"我是……"和"很高兴认识你"等4个句子。

● 表达

在完成理解性活动的基础上，学生需要进行后面的表达性练习。即"表达"部分，这部分是两个小对话。学生需要扮演所给的两个角色之一——陆大伟或王子欣，跟另外一个角色进行简单对话。学生需要模仿使用本集学习的用语"你好，我是……"和"很高兴认识你"。学生根据自己的角色，把自己跟对方应答的话进行录音，然后可以比较自己的发音和系统原来录制的句子有什么差异，从而进行改进。

● 汉字

这部分对"老"、"好"和"高"三个汉字的意义演变和与这些字有关的一些文化知识做了介绍。另外对"你"、"好"、"老"、"师"的书写进行了演示，学生可以通过手写识别技术练习书写这几个汉字。

● 语音

"语音"部分包括4个活动，其中活动1为语音演示。语音演示包括18组声韵组合带不同调值的发音。

另外的三个活动中，活动2的形式是学生判断所显示的词（汉字形式）的声调（通过调型符号表示）。练习的词包括本集学习的"马"、"很"、"我"、"你"、"是"、"好"和"这"7个单音节词。

活动3是根据汉字和释义（需要将鼠标停留在词上才出现），选择拼音形式，练习的内容包括"高兴"、"认识"、"脸谱"、"老师"、"什么"、"对不起"等多音节词。

活动4是根据发音选择对应的词（要求选择正确的拼音），练习内容包括本集除"这"和"我"的几个单音节词和多音节词。

● 自评

"练一练"模块设有"自评"环节，目的是提醒学生完成该模块的学习后再进入下一个模块。因为学习者只有在这阶段做了充分的准备，才能更好地完成下一模块中的任务。

⊙ 试一试

本集的"试一试"模块将"你好"、"我是……"和"很高兴认识你"等本集所学的主要用语融入了找人的场景中。学习者通过点击房子，听房子里的人物做自我介绍，从这五所房子里找到刘洋和陆大伟。在找人的过程中，会听到"你好！我是……"句型的实例。找到刘洋和陆大伟以后，学习者还要自己跟他们使用上述三句常用语进行对话。

⊙ 玩一玩

本集的两个游戏是"飞船"和"攀岩"，游戏前，教师需提醒学生看"帮助"。

"飞船"游戏练习的词语共 13 个：

你、好、我、是、很、脸谱、高兴、认识、老师、马、对不起、这、什么

学生需要掌握这些词的声调，在看到词的汉字形式和听到发音以后，需要马上选择它的声调。

"攀岩"游戏采用选择题的方式，练习内容包括本集所学词的意思、课文故事的有关背景、故事中的人物以及文化注释中的有关知识等等。

"玩一玩"的两个游戏可以在课堂上进行，这样起到调节课堂节奏和活跃课堂气氛的作用。"飞船"游戏可以安排在"练一练"之后；"攀岩"游戏可以安排在"学一学"完成之后。

⊙ 作业

全集学完后可布置以下作业：将同学分组，两三人一组（事先需要选好搭档），表演初次见面打招呼，做简单自我介绍。三人一组的情况可增加介绍他人的任务。

第二集　这是什么

本集主要教学内容

交际任务		1. 能够使用简单的礼貌用语询问信息 2. 用最简单的语言介绍自己和别人
语言项目	主要用语	1. 这是什么？ 2. 这是熊猫吗？ 3. 长城真漂亮／熊猫真可爱／姚明真酷！ 4. 他是老师，你也是老师。 5. 我也知道。
	词汇	大家、长城、熊猫、画、字、他 可爱、漂亮、知道、对、酷 也、真、不、吗、啊
	语法	1. 用"什么"的问句 2. 用"吗"的问句 3. 也
文化项目		1. 介绍他人 2. 长城 3. 熊猫 4. 孔子 5. 姚明 6. 象形文字

　　本集教学的核心内容包括上面所列的语言、文化项目，最终目标是让学生能够使用这些语言文化知识，完成本集的交际任务：使用简单的礼貌用语询问信息，并能简单地介绍自己和他人。

　　课堂教学大致遵循"学一学"、"练一练"、"试一试"和"玩一玩"的顺序。

⊙ 学一学

登录以后，进入剧情预览部分，浏览 storyline。然后进入导航器，选择要开始的部分。

● 故事欣赏

本集的故事可以分为两个场景：

▶ 场景一

韩　江：大家看，长城！
马老师：对，这是长城。
王子欣：长城真漂亮！

陆大伟：马老师，这是熊猫吗？
马老师：对，这是熊猫。
王子欣：熊猫真可爱！

马老师：这是孔子。你们知道他吗？
韩　江：我不知道。
王子欣：我知道，他是老师。
韩　江：（指孔子）他是老师，（指马老师）你也是老师。
马老师：（指孔子）他是有名的老师，（指自己，摇头）我不是！

▶ 场景二

陆大伟：我知道，这是姚明！
王子欣：我也知道！姚明真酷！
韩　江：姚明，你好！我是韩江，很高兴认识你！

马老师：大家看，这是什么？
陆大伟：我知道，这是画。
王子欣：不，这是字。
马老师：对，这是字，不是画。
陆大伟：啊，是字，是什么字？
马老师：是"马"字。（指自己）马老师，（指"马"字）"马"。

总体欣赏

课堂上，可以让学生先完整欣赏一遍整个故事内容，事先要求学生看完后回答一两个全局性的问题。

How many pictures have they discussed?

分场景欣赏

在完成了故事的整体欣赏后，根据故事的几个不同场景，分别进行理解和句子朗读等活动。

要求学生看完一遍场景一以后，回答问题：

How do they think about the Great Wall?

Do they like panda? How do you know?

场景二的备用问题：

How do they think about Yao Ming?

Who was Kongzi?

What's in the last picture?

确认学生大致理解故事后，让学生进行课文的朗读。

● 故事朗读

根据"学一学"模块中的"故事欣赏"部分，让学生朗读故事中的句子，并掌握各句话的英语意思。

朗读可以变成角色扮演，将学生分组，小组内每个人扮演故事中的一个（或两个，如果学生人数很少的话）不同角色。即模仿故事中的角色说话。这样学生为了表演，需要先进行朗读。老师可以为有困难的学生提供帮助。最后在全班表演。

● 场景探索

这部分内容可由学生自学，也可在课堂上要求学生学习，然后老师说名称，让学生指认教室内外相应的实物，如窗户、门和树等实物。

如果学生的水平较好，还可以让他们当场记住这些名称，然后老师指实物，学生说名称，或者同学之间互相检查。

场景一	
1. 房子	house
2. 树	tree
3. 门	door
4. 草地	grassy area
5. 路	road
6. 窗户	window

场景二	
1. 墙	wall
2. 窗户	window
3. 天花板	ceiling
4. 门	door
5. 地毯	carpet

● 文化注释

本集的文化重点是"介绍他人"和"象形文字"等。

学生学习（或老师讲解）完"介绍他人"以后，可以检查一下学生的理解情况，特别是中国人有先介绍尊长的习惯。可以通过提问题的方式检查，如：

If your mother and you run into Teacher Zhang on the campus, how would you make the introduction for them?

或者可以完成以下角色扮演活动：

三个学生一组，一人介绍另外两人认识。可在课前准备不同角色的卡片，注明该角色的身份和姓名。活动时，可将卡片当做胸卡让学生挂在身上。

"象形文字"的注释中，对"日"、"月"、"云"和"雨"的古今不同时期的字体进行了比较。可以稍微给学生介绍一点汉字造字法知识。

孔子和其他文化注释可以让学生自己自学，如果学生有兴趣想了解更多信息，可稍作补充。

● 语言注释

这部分内容有"也"、"什么"和"吗"。

二者的注释都包括对这两个语言项目的简介和练习。"吗"和"什么"着重强调了两者构成问句时不能同时出现。

⊙ 练一练

"练一练"模块包含词语表、理解、表达、汉字、语音和自评等内容。

● 词语表

词语表列出了本集的16个生词和5个作为呈现内容出现（不要求在本集掌握）的词语，表中给出了词语的读音和英文释义。词语表可供学生在学习了课文和生词之后，对生词进行集中复习、巩固。在完成"练一练"模块的大部分活动，特别是词语活动时，都可以借助词语表。

● 理解

"理解"部分3个活动。活动1练习了本集的12个词语，练习形式为词（汉字形式）跟英文解释匹配，活动2是4个名词跟图片匹配。

活动3要求学生将8个句子与右侧的英文解释进行匹配。这些句子多为本集的重点用语。

● 表达

这部分由4个小对话组成。前三个角色中学生所扮演角色的任务是回答问题，需要根据右侧的图片使用"这是……"和"对不起，我不知道"回答，最后一个小对话要求学生充当问话人用"这是什么，你知道吗"提问。

对话完成后，学生可以回放自己的话，然后比较一下自己的发音和系统原来录制的句子有什么差异，从而调整自己的发音。对话内容如下：

对话 1

——这是什么，你知道吗？

——我知道，这是长城！

对话 2

——这是什么，你知道吗？

——对不起，我不知道。

对话 3

——这是什么字，你知道吗？

——我知道，这是"马"字。

对话 4

——这是什么，你知道吗？

——对不起，我不知道。

● 汉字

这部分的活动 1 对"字"、"画"和"城"三个汉字的意义演变做了介绍。

活动 2 对"这"、"也"、"不"、"是"、"字"5 个字的书写进行演示和训练，学生可以通过手写识别技术练习书写这几个汉字。

● 语音

本集"语音"部分包括 4 个活动，活动 1 包括 19 个声韵组合带不同声调的发音。

活动 2 的形式是学生判断所显示的词（汉字形式）的正确拼音。练习的词包括本集学习的 9 个单音节词：

真、也、不、画、字、他、酷、对、啊

活动 3 的练习形式和活动 1 相同，练习对象是双音节词的发音：

大家、漂亮、可爱、知道、长城、熊猫

活动 4 是根据拼音选择词，包括 7 个单音节词和 4 个双音节词。

⊙ 试一试

本集的"试一试"包括 3 个活动，其中第 3 个活动的有无取决于学生第 2 个活动中的应答情况。

活动 1 中，学生观看一段 flash 短片，主要需要了解"水"字的篆书写法。

活动 2 要求学生与王子欣以及她的玩具熊猫进行对话。学生需要回答熊猫关于"水"是什么字的问题。

如果学生回答不了，则需要进行第 3 个活动：与马老师进行对话，问清"水"是什么字。

"试一试"主要练习的是本集的几个常用语句：

这是什么，你知道吗？

我知道，这是……

我不知道……

⊙ 玩一玩

本集的"玩一玩"模块包括两个游戏："飞镖"和"猴子捞月"。

"飞镖"练习内容是本课出现的字和词，包括根据拼音选字和根据意思选词。

"猴子捞月"游戏练习写汉字，练习的汉字包括：

你、好、老、师、这、是、大、也、不、对

游戏中为每个汉字设置了笔顺及具体写法的范例。

⊙ 作业

每人准备一件不常见的物品或这种物品的图片，考一考本班同学或老师知道不知道是什么。

第三集　他是谁

本集主要教学内容

交际任务		基本与上集相同，即：能够使用简单的礼貌用语询问信息、用最简单的语言介绍自己和别人
语言项目	**主要用语**	1. 他是谁？ 2. 这是你的书吗？ 3. 这是马老师的书。／这是我们的书。 4. 她的衣服真漂亮！
	词汇	谁、她、我们 弟弟、警察、朋友、自行车、汉语、衣服、书 有名、看 的 孔子、乘风
	语法	1. 用"谁"的问句 2. 表领属的"的"
文化项目		1. 中国的警察 2.《论语》 3. 旗袍 4. 自行车

本集教学的核心内容包括上面所列的语言、文化项目，最终目标是让学生能够使用这些语言文化知识，巩固前两集的交际任务。

具体教学步骤大致遵循"学一学"、"练一练"、"试一试"和"玩一玩"的顺序。

⊙ 学一学

登录以后，进入剧情预览部分，浏览 storyline。然后进入导航器，选择要开始的部分。

● **故事欣赏**

本集的故事可以分为3个场景：

▶ **场景一**

陆大伟：马老师，他是谁？
马老师：他是我弟弟。
陆大伟：你弟弟真酷，他是警察吗？
马老师：对，他是警察。

陆大伟：马老师，她是谁？
马老师：是我朋友，她也是老师。

▶ **场景二**

罗　斯：马老师好！
马老师：罗斯，你好！这是陆大伟。大伟，这是罗斯。
陆大伟：罗斯，你好！很高兴认识你！
罗　斯：你好！啊，我知道你，脸谱！
陆大伟：我也知道你，自行车！

▶ **场景三**

陆大伟：罗斯，这是孔子，对吗？
罗　斯：你知道孔子？
陆大伟：对，我知道，孔子是有名的老师！
罗　斯：对，孔子是有名的老师，我不是！

陆大伟：罗斯，这是你的书吗？
罗　斯：这是马老师的书，这是我的书。
陆大伟：这是我们的书。
马老师：对，这是我们的书，《乘风汉语》！

罗　斯：马老师，他是谁，是你弟弟吗？
马老师：对，是我弟弟，他是警察。这是我朋友，她也是老师。
罗　斯：大伟，你看，她的衣服真漂亮！
陆大伟：马老师，这是什么衣服！
马老师：这是旗袍！

课堂上，可以让学生先完整地欣赏一遍故事，事先给学生布置一个简单的问题：

Who is a policeman?

在完成了故事的整体欣赏后，可以根据故事的3个不同场景，分别进行理解和句子朗读等活动。确认学生理解故事前一个场景的内容后，再开始后一个场景的学习。

对于各场景，要求学生看完以后，分别回答下面的问题：

How does David think about Teacher Ma's brother?（场景一）

What does Teacher Ma's friend do?（场景一）

What have made David and Ross impressed of each other?（场景二）

Who was Kongzi (Confucius)?（场景二）

Whose book are they talking about?（场景三）

What kind of clothes is Teacher Ma's friend wearing? How does Ross think about her clothes?（场景三）

● 故事朗读

在学生理解故事意思的基础上，让学生进行故事朗读练习。这部分可以让学生先看拼音自己读，然后点击人物头像右侧的小喇叭进行跟读。直到能较连贯地读出每个句子。

也可以在完成全部"故事欣赏"部分以后给学生分组，3个人一组，分角色朗读故事。

● 场景探索

本集"场景探索"由两个场景组成，出现的词如下：

场景一		场景二	
1. 打印机	printer	1. 杯子	cup
2. 电脑	computer	2. 茶叶桶	tea caddy
3. 文件柜	filing cabinet	3. 花盆	flowerpot
4. 电话	telephone	4. 植物	plant
5. 台灯	desk lam	5. 相框	photo frame
6. 订书机	stapler	6. 文件	file
7. 剪子	scissors	7. 夹子	document clasp
8. 台历	desk calendar	8. 词典	dictionary
9. 胶带	rubberized tape	9. 笔记本	notepad
10. 笔	pen		

这部分内容可由学生自学，也可在课堂上带学生学习其中的部分词语，主要学习那些学生最可能使用到的词。学习完可以检查学生的学习情况，主要看看学生能否说出。有些物品虽然很常用，但学生很少需要使

用汉语称说，如"文件柜"、"茶叶桶"、"花盆"、"植物"、"相框"等，可不必花时间检查。

检查的形式可以是老师说英语，学生说汉语，或者老师说汉语让学生说英语。另一种形式是以游戏的方式进行：学生分成A、B两组，两组轮流考对方。A组的人说场景中的一个物品，B组的人需要在规定的时间内说出汉语，如果正确加1分，否则不得分。接着由B组的人出题，同样A组的人说对了得分。五轮（或更多）以后，计算总分。得分高者为胜。注意第一道题可以由老师出，AB两组抢答，答对了得一分，并获得先考对方的权利。

● 文化注释

本集的文化注释内容是：中国的警察、《论语》、旗袍和自行车。让学生自己看注释即可，如学生有进一步了解的愿望，可适当多增加一些内容。

本集"玩一玩"模块中的"吃豆"游戏涉及到文化注释中的有关内容。

● 语言注释

本集语言注释的主要内容是表领属关系"的"的用法（我们的书）和用"谁"的问句。

"的"的解释重点强调了"我姐姐"、"你姐姐"这样的领属关系不用"的"。课件中给出了例句和两组练习。第一组练习不需要学生进行表达，只要求学生把图中书和书的主人放到一起，如果正确，学生就能听到相应的用"的"的句子。第二组练习要求学生判断不必用"的"的情况；

"谁"的注释通过句子和对话展示了"谁"和"谁的"用法，并配有练习。让学生用拼音写出对话中的问句部分。

⊙ 练一练

该模块包括词语表、理解、表达、汉字、语音和自评6个部分。

● 词语表

词语表包括本集出现的15个生词和1个呈现的词"旗袍"。学生可以自己通过点击词右侧的喇叭图标反复听词的读音。

● 理解

本部分包括3个活动。前两个为词语练习，最后一个是句子练习。

活动1是12个词的练习，形式是将词和英语释义进行匹配。

活动2是将4个词和相应的图片相匹配。

活动3是将8个句子与它们的英文释义进行匹配。

● 表达

表达部分包括5个对话，学生需要用模仿其中的角色问问题或者回答问题：

对话1

——马老师，他是谁？

——他是我弟弟。

对话2

——她是谁？

——她是我朋友，她也是老师。

对话3

——这是谁的书？

——这是我的书。

对话4

——这是谁的自行车？

——这是罗斯的自行车。

对话5

——这是你的衣服吗？

——对，这是我的衣服。

● 汉字

这部分的活动1对"子"、"友"、"自"和"行"四个汉字的意义作了简要介绍。

活动2演示了"朋友的自行车"6个字的写法，供学生学习。

● 语音

此部分包括4个活动，活动1为语音演示，包括18组声韵组合带不同声调的发音演示。

活动2为声调练习，练习内容为"谁"、"她"、"书"和"看"4个单音节词的声调选择。

活动3的内容是10个多音节词，练习形式是根据汉字和发音选择正确的拼音。

活动4是根据拼音（和发音）选择词（汉字形式）。练习的词包括6个单音节词和6个多音节词。

⊙ 试一试

本集的"试一试"模块设计的任务是：夏令营里的长凳上有一本书，学生需要找到这本书的主人。围绕此任务，课件设计了一段对话练习和一个听力练习。

对话练习中，学生需要主动和韩江会话，了解书的主人。用上本集学习（本模块前也提示）的"这是你的书吗"、"这是谁的书，你知道吗"等句子。

听力的场景是韩江替学生去打听书的主人并成功了。学生需要听懂韩江和张老师以及大伟的对话，才能知道书的主人。听完以后学生需要最终回答关于书的主人是谁的问题。

⊙ 玩一玩

● 本集的游戏包括"飞船"和"吃豆"。

"飞船"游戏练习的词语共10个：谁、弟弟、警察、她、朋友、有名、书、看、衣服、知道。主要是判断这些词的声调（或声调组合）。

"吃豆"游戏练习的内容包括本集的生词、故事欣赏和文化注释的有关内容，需要在学完本集全部内容后完成。

● 备用游戏

在"语言注释"或"试一试"模块完成以后，还可以让同学做这样的游戏：让同学分A、B两组，每个同学都拿出一支笔，A、B两组同学的笔集中到老师手里，然后老师让A、B两组各出一名同学，A组同学从B组的笔中抽取一支，B组同学从A组的笔中抽一支。两人同时到对方的组内找笔的主人，先找到者为胜。要求只能用汉语，可提示学生说句子"这是你的笔吗？"

本游戏的变体是：需要找两支笔的主人，一支笔出自自己所在的组，另一支出自对方的组。比赛时，先找到两支笔的主人者为胜。自己组的成员为了节省伙伴的时间，可以通过"我知道，这是……的笔"帮助自己组的组员以最快的速度找到两支笔的主人，从而使自己的组获胜。

⊙ 作业

每个人准备一张照片，上课介绍照片中的人。

第四集　我有一个姐姐

本集主要教学内容

交际任务		能够询问和说出家庭信息，包括家庭人员数量、组成、年龄
语言项目	**主要用语**	1. 你家有几口人？ 　我家有四口人。 2. 我有一个姐姐。 3. 我姐姐二十岁。
	词汇	家、人、爸爸、妈妈、姐姐 一、二、三、四、五、二十、几、口、个、岁 有、喜欢、旅行 呢、还 中国、黄山
	语法	1. 称数法 2. 用"几"的疑问句 3. "有"字句表领属
文化项目		1. 黄山 2. 中国的家庭 3. 手势与数字

本集教学的核心内容包括上面所列的语言、文化项目，最终目标是让学生能够完成交际任务：询问并简单介绍家庭信息。

课堂教学的大致步骤可以遵循"学一学"、"练一练"、"试一试"和"玩一玩"的顺序。

◎ 学一学

登录以后，进入剧情预览部分，浏览 storyline。然后进入导航器，选择要开始的部分。

●故事欣赏

本集的故事主体部分分为3个场景：

场景一

韩　江：大伟，这是什么字？你知道吗？
陆大伟：我知道，这是"山"。
韩　江：这个呢？
陆大伟：这个我不知道。啊，是"黄"字。
韩　江："黄"，黄——山，黄山，我知道，我知道，黄山是中国有名的山。
陆大伟：对对对。你看，黄山！

场景二

韩　江：哎，她是谁？
陆大伟：是我姐姐。
韩　江：你姐姐喜欢旅行，是吗？
陆大伟：对，她喜欢旅行。我爸爸妈妈也喜欢旅行。你看，这是我爸爸、妈妈、姐姐、弟弟，这是我。
韩　江：一二三四五，你家有五口人。
陆大伟：对。你家呢，有几口人？
韩　江：我家有四口人。爸爸、妈妈、姐姐、我。
陆大伟：还有呢？
韩　江：还有什么？
陆大伟：还有六口人呢？
韩　江：我家有四口人，不是十口人。

场景三

韩　江：子欣，你知道吗？
王子欣：知道什么？
韩　江：大伟有一个姐姐。
王子欣：我知道，还有呢？
韩　江：他姐姐喜欢旅行！
王子欣：我知道，还有呢？
韩　江：还有……，还有黄山，你看！
王子欣：对，黄山，中国有名的山。还有呢？
韩　江：还有……，我不知道。大伟，还有什么？
陆大伟：我姐姐二十岁。
王子欣：我也知道，还有呢？
韩　江：我知道，我也知道，还有呢？子欣，你是警察吗？

总体欣赏

课堂上，可以让学生先完整地欣赏一遍故事，事先给学生布置一个简单的问题：

Whose family are they talking about?

Why does John say that Cindy seems to be a policewoman?

分场景欣赏

在完成了故事的整体欣赏后，根据故事的几个不同场景，分别进行理解和句子朗读等活动。确认学生理解故事前一个场景的内容后，再开始后一个场景的学习。

对于各场景，要求学生看完一遍以后，分别回答相应的问题：

场景一：

Who is on the picture? Where is she?

场景二：

What does David's sister like?

Whose family is bigger?

场景三：

What does Cindy know?（要求不同的学生各说出其中的一点即可）

● 故事朗读

根据上面的场景，让学生分场景朗读故事中的句子，并记住各句子的英语意思。先要求学生模仿课件朗读，然后可以让学生进行角色扮演。

将学生分组，小组内每个人扮演故事中的一个角色，模仿故事中的人说话。老师为有困难的学生提供帮助。最后让每组在全班表演。

● 场景探索

场景一		场景二	
1. 橄榄球	football	1. 桌子	desk
2. 桌子	desk	2. 地毯	carpet
3. 垃圾桶	trash can	3. 门	door
4. 窗帘	curtain	4. 沙发	sofa
5. 画	painting	5. 靠垫	back cushion
6. 台灯	desk lamp	6. 台灯	desk lamp
7. 电脑	computer	7. 墙	wall
8. 椅子	chair	8. 画	painting
9. 地毯	carpet		
10. 墙	wall		
11. 花	flower		
12. 书	book		

本部分分为两个场景，包括 19 个词。有的是前两集中已经出现的，如"桌子"、"椅子"，有的在后一集的故事中即将出现。除了"靠垫"和两个三音节词"橄榄球"、"垃圾桶"较难。别的词都可以让学生练习，学习完以后老师最好能检查学生的学习情况，主要看看学生能否说出这些词。

检查的主要形式是老师说汉语让学生说英语。也就是说只要求学生辨认，不要求他们能够用汉语输出。

如果学生的水平较好，可以在学生自学以后，老师点指图中的物品（或身边的实物），要求学生说出汉语名称。或让学生两人一组，互相检查。

● 文化注释

本集的文化重点介绍"中国的家庭"和"手势与数字"。"黄山"可以让学生自己看课件了解。

介绍完"手势与数字"以后，可以让学生比较一下中国人表达数字的手势和他们国家表达数字方法是否相同。然后完成下面两个活动：

活动 1：老师作手势，要求学生说数字。

活动 2：老师（或学生）说数字，学生作手势。

● 语言注释

本集语言注释的内容是：量词"口"和"个"、疑问代词"几"。

"口"和"个"的注释简单介绍了汉语中的量词和这两个词的用法，提供了几个实例，并配之以相应的练习。

"几"的注释通过简单讲解、以句子和对话为例，说明了"几"的用法。并配有重排词序和选择正确的词序两种练习各一个。

⊙ 练一练

该模块包括词语表、理解、表达、汉字、语音和自评 6 个部分。

● 词语表

词语表包括本集出现的 22 个生词和 3 个呈现的词。学生可以自己通过点击词右侧的喇叭图标反复听词的读音。

● 理解

本部分包括 3 个活动。前两个为词语练习，最后一个是句子练习。

活动 1 是 18 个词的练习，形式是将词和英语释义进行匹配。

活动 2 是将 4 个词和相应的图片相匹配。主要练习的是"爸爸"、"妈妈"、"姐姐"和"弟弟"4 个表亲属称谓的词。

活动3是将8个句子与它们的英文释义进行匹配。这些句子多是问或者谈家庭成员情况的句子。

● 表达

表达部分包括5个对话，学生需要模仿其中的角色问问题或者回答问题：

对话1

韩　江：你家有几口人？

陆大伟：我家有五口人。

对话2

陆大伟：你家有几口人？

韩　江：我家有四口人，爸爸、妈妈、弟弟，还有我！

对话3

韩　江：你有几个姐姐？

陆大伟：我有一个姐姐。

对话4

陆大伟：我有一个姐姐，你呢？

韩　江：我没有姐姐，我有一个弟弟。

对话5

王子欣：大伟的姐姐喜欢旅行，你呢？

韩　江：我也喜欢旅行。

● 汉字

这部分包括两个活动：汉字故事和汉字书写。

汉字故事对"山"、"家"、"口"、"人"、"中"5个汉字的字义演变和相关的文化知识做了简要的说明，并介绍它们的甲骨文字形。

汉字书写部分主要是练习"我"、"家"、"有"、"四"、"口"、"人"的书写。

● 语音

这部分包括4个活动。活动1为语音演示，提供了19组声韵组合带不同调值的发音。

活动2为13个词的声调判别练习，形式是判断13个词的声调。

活动3是为8个多音节词选择拼音的练习。

活动 4 是根据 10 个单音节词和 6 个双音节词的拼音形式，选择对应的汉字。

⊙ 试一试

本模块包括一段阅读和两段会话。阅读部分既是对本集有关内容的复习，也是后面两段会话，特别会话（一）的基础。通过阅读练习，学生能得到更充分的准备，以进行下一步的对话。

对话部分融入了前面几集学习的内容，帮助学生复习、提高。

● 阅读

阅读部分：

阅读内容	刘洋： 　你好！ 　我是陆大伟，美国人，很高兴认识你！我家有五口人，爸爸、妈妈、姐姐、弟弟、还有我。 　我姐姐喜欢旅行，我爸爸妈妈也喜欢旅行。我喜欢熊猫，我也喜欢中国。 　　　　　　　　　　　　　　　　　　　　　　　　陆大伟
理解性练习	下面这些句子是对还是不对？(Are the following sentences true or false?) 1. There are four people in David's family. 　True/False (There are five people in David's family.) 2. David has two sisters. 　True/False (David has one sister.) 3. David's mom doesn't like traveling. 　True/False (David's mom likes traveling.) 4. David likes pandas. 　True/False

本部分可以让学生自己阅读并完成练习，也可以全班一起阅读，然后老师读出上述 4 个句子，让学生作出判断。要求全班同学用手势作出回答(如：认为对举一只手，认为错双手交叉着举起)。认为错的句子需要纠正错误的部分。

会话 （一）

这部分学生需要根据前面阅读部分的内容跟韩江进行对话。老师在课堂可以再增加一个环节：要求学生

根据自己的家庭情况和老师对话。

会话（二）

这部分学生需要跟陆大伟的姐姐进行对话，对话以前学生需要进一步复习几句话：

1. 你好！

2. 你喜欢旅行，是吗？

3. 我也喜欢旅行。

4. 我知道，黄山是中国有名的山。

这几句话是学生需要在对话中使用的句子，所以需要能以较自然的语速说出来。在能较熟练地说出上边的句子以后，学生需要主动和画面中陆大伟的姐姐进行如下的对话：

学　生：你好！

陆　姐：你好，我是陆大伟的姐姐，很高兴认识你！

学　生：你喜欢旅行，是吗？

陆　姐：对，我喜欢旅行。你呢，你喜欢旅行吗？

学　生：我也喜欢旅行。

陆　姐：你知道黄山吗？

学　生：我知道，黄山是中国有名的山。

陆　姐：对，黄山真漂亮！

⊙ 玩一玩

"玩一玩"中包括两个游戏："大灌篮"和"猴子捞月"。

"大灌篮"游戏练习了包括本集的生词、故事欣赏和文化注释的有关内容，需要在学完本集全部内容后完成。

"猴子捞月"帮助学生练习写"有、口、人、很、子、自、行、车、我、家"等字。

⊙ 作业

采访同学：让每人采访一个同学的家庭情况，下一次课来作报告。具体做法：可以让学生自由选择采访对象，也可以是老师课前将全班同学的名字写在卡片上，布置作业时让学生抓阄，课后采访自己抽到的同学。

第五集 房间里有松鼠

本集主要教学内容

交际任务		指称和说明物品
语言项目	主要用语	1. 这里有山有水，真漂亮。 2. 我有一个很酷的东西。 3. 我的房间里没有小松鼠。 4. 我喜欢山，但是不喜欢水。 5. 你看，那是什么？ 6. 这是台灯，不是蘑菇！
	词汇	这里、那、水、东西、二胡、音乐、房间、里、松鼠、电话、蘑菇、台灯、电脑、桌子、椅子 流行、小、没有 但是
	语法	1. 定语（表领属关系）+ "的" + 中心语 2. "有" 表存在 3. 形容词谓语句
文化项目		1. 二胡 2. 中国民乐 3. 家居物品

本集教学的核心内容包括上面所列的语言、文化项目，最终目标是让学生能够指称、说明身边的物品，并用汉语进行表达。

课堂教学大致遵循"学一学"、"练一练"、"试一试"和"玩一玩"的顺序。

⊙ 学一学

登录以后，进入剧情预览部分，浏览 storyline。进入"学一学"模块。

"故事欣赏"与"故事朗读"结合在一起，分场景进行处理。本集故事包括如下场景：

场景一

王子欣：这里有山有水，真漂亮！
陆大伟：我也喜欢山，但是不喜欢水。

韩　江：大伟、子欣！我有一个很酷的东西。
王子欣：什么东西？
韩　江：看！
陆大伟：这是什么？
王子欣：我知道，我知道！这是二……二胡！
陆大伟：二胡？
韩　江：对，一二三四的"二"。
陆大伟：哈哈！

场景二

王子欣：韩江，你喜欢音乐吗？
韩　江：对，我喜欢中国音乐，我喜欢二胡。你呢，你喜欢什么？
王子欣：我喜欢流行音乐，我也喜欢这个。（开始放录音）
　　　　一二三四五，
　　　　上山采蘑菇。
　　　　蘑菇没采到，
　　　　碰到小松鼠。
　　　　松鼠有几个？
　　　　一二三四五。
韩　江：一二三四五，我有小松鼠。
陆大伟：松鼠很可爱，我也喜欢松鼠。

场景三

韩　江：子欣，你的房间里有小松鼠吗？
王子欣：我的房间里有桌子、椅子，有电脑、电话，但是，没有小松鼠。
韩　江：没有？你看，那是什么？
陆大伟：啊……！
王子欣：小松鼠！我的房间里有小松鼠！
陆大伟：啊……！你的房间里还有蘑菇！
王子欣：这是台灯，不是蘑菇！

场景一

● 故事欣赏

先看一遍以后，要求学生回答一个简单的问题：

What does John bring?

再观看一遍以后，让学生回答下面的问题：

Does Cindy like the place where the Language camp is located?

How about David?

Does Cindy know the cool stuff that John brings?

● 故事朗读

完成"故事朗读"部分对应于场景一的句子。

场景二

● 故事欣赏

学生观看一遍以后，回答下面的问题：

What did they talk about at the beginning?

And what did they turn to talk about?

学生再看一遍以后回答下面的问题：

Does John like music? And how about Cindy?

Does David like squirrel?

如果时间允许，可以让学生学唱采蘑菇的歌儿。

场景三

● 故事欣赏

看一遍后提问：

Does Cindy know that there is a squirrel in her room?

学生重复观看后，回答下面的问题：

What are there in Cindy's room?

Is there a Mushroom in Cindy's room?

● 故事朗读

学生完成故事的理解以后，完成"故事朗读"部分相应的句子。

● 场景探索

本集的场景探索包括两个场景，场景一是"故事欣赏"部分的场景，包括最常用的"水"、"山"、"云"、"树"、"鸟"、"草"几个单音节词和"草地"。场景二展示了一些室内较常见的物品，如"画"、"闹钟"等。

场景一	场景二
1. 草地　grassy area	1. 画　painting
2. 水　water	2. 闹钟　alarm clock
3. 山　mountain	3. 音箱　speakers
4. 云　cloud	4. 鼠标　(computer) mouse
5. 树　tree	5. 可乐　coke
6. 鸟　bird	6. 玩具　toy
	7. 键盘　keyboard
	8. 书　book
	9. 相框　photo frame

这部分内容可由学生自学，也可在课堂上带学生学习其中的部分词语，重要的词学习完可以检查学生的学习情况，主要是让学生用汉语说出相应物品的名称。

检查的主要形式是老师说汉语让学生说英语。也就是说只要求学生辨认，不要求他们能够用汉语输出。

如果学生的水平较好，可以在学生自学以后，老师指图中的物品（或现场有的实物，如书、鼠标、键盘等），要求学生说出汉语名称。充分利用现场就有的物品，可以提高学习的真实性。

检查的另一种形式是让学生两人一组，互相检查。

● 文化注释

本集的文化注释可让学生自学，只需作一般性的了解。

● 语言注释

本集的语言注释内容是"有／没有"的用法和"可爱"。

"有／没有"的注释以三个句子和两段对话为例，展示了它们的基本用法，随后设计了相关的练习，要求学生根据所给的房间图，回答"房间里有什么"的问题，答案要求用拼音输入，系统会将学生的正确答案全部以汉字的形式显示。如：学生输入 yizi，则系统显示"房间里有椅子"。系统会追问学生"还有呢"，直到学生说出三个物品，练习才完成。

"可爱"实际上是形容词谓语句的注释，强调了形容词前常用"很"和"真"等、不能用"是"这一美国学生需要注意的方面。通过"可爱"、"漂亮"和"酷"的实例展示了形容词谓语句的结构特点，并配有相应的练习。

⊙ 练一练

本模块分词语表、理解、表达、汉字、语音、自评6个部分。

● 词语表

词语表列有本集所学习的所有生词及其拼音和英语翻译。学生可以进行系统的复习和巩固。

● 理解

本部分包括3个活动，活动1和2为单个词的理解练习；活动2为词组练习。

活动1主要是词语和意思的匹配练习。学生需要将词语的书写形式和英语释义联系起来，学生按旁边的小喇叭图片还可以听到每个词的发音。活动2中有4个词，学生需要将词和图匹配起来。这个活动可以让学生自己完成。

活动3比活动1和2要求更高一些：学生需要根据英语句子的意思，将几个给定的词组成一个词组（或短句）。

● 表达

这部分包括4个对话练习，学生需要根据图片的提示充当下面的角色，和王子欣进行对话：

对话1

王子欣：你的房间里有电脑吗？

陆大伟：有，我的房间里有电脑。

对话2

王子欣：你的房间里有二胡吗？

罗　斯：没有，我的房间里没有二胡。

对话3

王子欣：大伟的姐姐漂亮吗？

韩　江：大伟的姐姐很漂亮。

对话4

王子欣：松鼠很可爱，我喜欢松鼠。

韩　江：我也很喜欢松鼠。

● 汉字

本部分的活动1主要介绍了"水"、"乐"和"东"3个字的字义演变和相关的文化知识。活动2演示和练习"他喜欢音乐"这个短语中的5个汉字的写法。

● 语音

这部分包括4个活动，其中活动1演示了20个声韵组合带不同声调的发音；活动2是声调练习；活动3和4为词与语音的匹配练习，其中活动3是根据汉字选拼音，活动4为根据拼音选汉字。

本部分可以由学生自己控制完成。

⊙ 试一试

本模块为三个部分：一个听力练习和两段对话。听力部分是一段介绍韩江房间的话，学生可以通过这段话，复习本集前面学习的词汇和表达法。同时为后面的对话部分做准备。

● 听力

学生可以听一遍以后就试试完成后面的练习。如果一遍不够，可以反复听多次，直至完全明白。这段话和后面的练习（及正确答案）如下：

你好，我是小松鼠，很高兴认识你！你看，这是韩江的房间，很漂亮，是吗？韩江的房间里有桌子、椅子、电脑、电话，还有这个（指二胡）！对，这是二胡。

1. John's room is nice.

   True/False (True)

2. There isn't a computer in his room.

   True/False (There is a computer in his room.)

3. The squirrel knows what an erhu is.

   True/False (True)

会话（一）

此对话由小松鼠首先发话，学生需要根据上面听力部分的内容，进行两句简单的对话：

小松鼠：你好，我是小松鼠，很高兴认识你！

学　生：你好，小松鼠！

小松鼠：这是韩江的房间，很漂亮，是吗？

学　生：对，韩江的房间很漂亮。

会话(二)

进入此会话之前，学生需要练习课件提供的备用句子：

1．你好！这是你的房间吗？

2．你的房间很漂亮！

3．你的房间里还有二胡！

学生在充分练习上述句子的基础上，可以进入会话（二）的主体部分，系统会随时对学生的表达作出反馈：

学　生：你好！这是你的房间吗？

韩　江：对，这是我的房间。

学　生：你的房间很漂亮！

韩　江：谢谢！我的房间里有电脑、电话。

学　生：你的房间里还有二胡！

韩　江：对。我喜欢二胡，喜欢中国音乐。

⊙ 玩一玩

"玩一玩"模块有"飞镖"游戏和"房间组装"游戏。

⊙ 作业

● 介绍房间

让每位同学准备一段话（书面的最好），介绍自己的房间，特别介绍别人房间可能没有的东西。

如果是口头作业，检查时可以两人或三人一组，互相介绍自己的房间。最后给班里的同学介绍自己搭档的房间（不是自己的房间！）

如果是书面作业，可以要求学生写在统一的卡片上，不写名字。下次上课时让学生每人抽一张卡片，然后自己阅读卡片上的内容后，根据了解的情况，通过提问的方式去寻找卡片（房间）的主人。

第六集　在美国北边

本集主要教学内容

交际任务		1. 能够用"……在哪儿？"询问要找的目的地； 2. 表达简单的方位概念
语言项目	主要用语	1. 教室在哪儿？ 　　在二楼，第一个教室。 2. 长城在中国北边／夏威夷在太平洋上。 3. 中间是什么？ 　　中间是太平洋。
	词汇	你们、第一、课、地理、地图、教室、鼻子 哪儿、二楼、北边、这儿、上、中间 在、谢谢 美国、太平洋、夏威夷
	语法	1. 用"哪儿"的疑问句 2. "在"表存在 3. 序数表示法：第一、第二、第三……
文化项目		1. 中国地理 2. 中学课程设置 3. "贴鼻子"游戏

本集教学的核心内容包括上面所列的语言、文化项目，最后目标是学生能运用所学的语言、文化项目完成交际任务：能使用"……在哪儿"询问地点；能表达部分方位概念。

具体课堂教学步骤大致遵循"学一学"、"练一练"、"试一试"和"玩一玩"的顺序。

⊙ 学一学

登录以后，进入剧情预览部分，浏览 storyline。然后进入"学一学"模块。

对于故事主体，课堂上，可以分场景处理。程序是准备一个较简单的问题，让学生带着问题观看一遍。接着再观看一两遍，并让学生回答较具细节性的问题。在学生对故事内容理解之后再让他们完成与所学场景相对应的故事朗读部分。

本集故事包括的场景如下：

场景一

陆大伟：你好，张老师！
张校长：你好，大伟！有课吗？
陆大伟：我有地理课，但是不知道教室在哪儿。
张校长：哦，在二楼，第一个教室。
陆大伟：谢谢张老师！
张校长：不客气。

场景二

马老师：这是什么，你们知道吗？
王子欣：这是中国地图！
马老师：对。你们看，长城在哪儿？
陆大伟：长城在北边。
马老师：对，长城在中国北边。
王子欣：黄山呢，黄山在哪儿？
韩　江：这个我知道！黄山在这儿。

马老师：美国在哪儿？
陆大伟：美国在这儿！
马老师：对，这是美国，这是中国。
韩　江：中间是什么？
王子欣：是太平洋，你们看，我家在太平洋上！在这儿，夏威夷！
马老师：对，夏威夷在太平洋上。

场景三

王子欣：大伟，美国在哪儿？
陆大伟：是在这儿吗？
韩　江：不对，是在北边。
陆大伟：北边，北边，是在这儿吗？
韩　江：对，那是美国。

王子欣：大伟，你的鼻子在哪儿？
陆大伟：什么？我的鼻子在哪儿？我的鼻子在这儿。
王子欣：不对！不对！
韩　江：你看，陆大伟的鼻子在这儿，在美国北边！

场景一

● 故事欣赏

要求学生看一遍以后，回答下面的问题：

What happens in this part?

A. David and Teacher Zhang are talking about their geography class.

B. Teacher Zhang is telling David where his classroom is.

再观看一两遍以后，让学生回答下面的问题：

Where is David's Classroom?

● 故事朗读

完成"故事朗读"部分对应于场景一的句子。

场景二

要求学生观看一遍以后，回答下面的问题：

What are they talking about?

学生再看一至两遍以后回答下面的问题：

Which part of China is the Great Wall located?

What's Cindy talking about?

场景三

● 故事欣赏

看一遍后提问：

Which place on the map is David supposed to find?

学生重复观看后，回答下面的问题：

Where does Cindy say that David's nose is? Why does she say that?

● 故事朗读

学生完成故事的理解以后，完成"故事朗读"部分相应的句子。

● 场景探索

本级场景探索部分包括两个场景，分别包括一些新的物品，如"书架"、"花瓶"、"路灯"等，同时重现了部分此前出现过的物品，如"窗户"、"窗帘"、"书"、"房子"和"书"等。呈现的所有词汇如下：

场景一			场景二		
1.	窗户	window	1.	路	road
2.	窗帘	curtain	2.	路牌	road sign
3.	书架	bookshelf	3.	路灯	road lamp
4.	地图	map	4.	树	tree
5.	尺子	ruler	5.	房子	house
6.	花	flower	6.	篱笆	fence
7.	花瓶	vase	7.	草地	grassy area
8.	笔筒	pen container	8.	草	grass
9.	地球仪	globe			
10.	书	book			
11.	桌子	desk			
12.	图片	picture			

老师可以要求学生能正确说出那些较简单或已经出现过的物品名称，同时能听懂老师所说的那些新出现的物品名称，如"路牌"、"篱笆"等。

● 文化注释

本集的文化注释让学生自学，只需要作一般性的了解。

其中的"贴鼻子"游戏可以组织学生在课堂上做。具体做法：

(一)教室前边画两张缺鼻子的人脸图，准备两个纸做的鼻子。将学生分两组，每组派一名同学到教室前面，站在离画相同的距离外，遮住眼睛后开始将纸鼻子贴到人脸的合适部位。同组的同学需要用汉语帮助参赛者，先准确贴好者为胜。

(二)上述分组比赛的变体：两人一组，一人贴，另一人提示。先贴好的一组为胜。

上述两种方法中的"贴鼻子"还可以改成"画鼻子"，即让学生在人脸上用粉笔或白板笔画鼻子。

● 语言注释

本集语言注释的内容是"在"和"第一"。

"在"的注释对该词（主要是格式"在哪儿"）的用法进行了简单讲解，并提供了例子和练习。例子包括5个对话。练习要求学生在听到"……在哪儿"的问题后在中国地图上分别标上北京、上海、香港和台北的位置。如果学生标注正确，系统会给出"对，……在这儿"的反馈。

"第一"的注释，介绍了基本的序数表达"第一"、"第二"、"第三"等，同时提醒学生兄弟姐妹排行和楼层等不使用"第"表序数。后面附有练习，要求学生根据韩江、大伟、王子欣和罗斯在队列中的位置，分别选择相应的序数表达"第一个人"、"第二个人"、"第三个人"和"第四个人"。

⊙ 练一练

本模块分词语表、理解、表达、汉字、语音、自评6个部分。

● 词语表

词语表列有本集的18个生词及其拼音和英语翻译。学生可以进行集中学习、复习巩固。

● 理解

理解部分包括3个活动，活动1和2是单个词的练习，活动3为词组练习。

活动1练习了本集的15个词语，练习形式是词的形义匹配。活动2选其中的4个词，以图解的形式出现，要求学生进行词与图的配对。

活动3包括5个词组练习，学生需要根据英语翻译，从所给的3个词中选择1个，以使相应的汉语句子意思完整。学生将选择的词语拖拽到空处，正确的话会有全句读音反馈。

● 表达

该部分包括4个对话：

对话1

王子欣：你的自行车在哪儿？

罗　斯：我的自行车在一楼。

对话2

王子欣：你的房间在哪儿？

陆大伟：我的房间在三楼。

对话3

韩　江：这是夏威夷，夏威夷在太平洋上。

王子欣：我家在夏威夷。

对话4

韩　江：汉语课教室在哪儿？

王子欣：二楼第四个教室。

● 汉字

本集汉字部分包括两个活动：

活动1为汉字故事：介绍了"教"、"北"、"美"和"夏"4个汉字的字义和有关知识。

活动2要求学生练习"在"、"美"、"国"、"北"、"边"5个汉字的书写。

● 语音

语音部分包括4个活动。活动1为声调演示，内容是13组声韵组合带不同声调的读音。

活动2是5个声调练习，学生根据界面上的汉字（同时可以点击右侧的小喇叭听发音），选择不同的声调。

活动3是9个多音节词的声调练习（包括7个双音节词和"太平洋"、"夏威夷"2个多音节词）。学生需要根据读音和汉字选择标有正确声调的拼音形式。

活动4是根据拼音形式选择词语，共有4个单音节词和8个多音节词。

语音部分可以选择部分在课上完成，也可以全部要求学生自己学习。

⊙ 试一试

● 听力

这部分是对本集所学内容的综合，它一方面是对前面所学内容的复习，一方面也是对后面会话的准备。

学生需要听下面的这段话，特别是王子欣最后的问题，听明白后学生才可以进入下面的对话。

你好！这是中国地图。你看，这是长城，长城在中国北边。这是黄山，黄山是中国有名的山。陆大伟的姐姐很喜欢黄山，我也很喜欢黄山。这是桂林，桂林有山、有水，很漂亮！这是……夏威夷，哦，对不起对不起，这不是夏威夷。你知道这是哪儿吗？

会话（一）

进入此会话之前，学生还需要练习课件提供的备用句子，在下面的会话中学生需要使用它们：

1. 你好，马老师！

2. 马老师，桂林在这儿，是吗？

3. 桂林的北边呢？

学生能熟练地使用这些句子以后，需要主动与马老师对话：

学　生：你好，马老师！

马老师：你好！

学　生：马老师，桂林在这儿，是吗？

马老师：对，桂林有山有水，很漂亮。

学　生：桂林的北边呢？

马老师：桂林的北边是西安。西安很有名，你看！

学生获得西安的信息后就能进入下一个会话。

会话(二)

会话(二)综合了听力和会话(一)两部分的信息，学生需要和王子欣进行如下的对话：

王子欣：你好，你知道长城吗？

学　生：我知道，长城在中国北边。

王子欣：桂林呢，你知道吗？

学　生：我知道，桂林有山有水，很漂亮！

王子欣：桂林的北边呢？

学　生：桂林的北边是西安。

王子欣：啊，是西安。谢谢你，谢谢你！

⊙ 玩一玩

本集的游戏是："猴子捞月"和"赛车"，前者为汉字书写练习；后者为综合练习。

⊙ 作业

学完本集内容以后，可以要求学生两个人一组，根据地图（中国地图、美国地图都可以），自己编一段对话。

第七集　你要买什么

本集主要教学内容

交际任务		用"我要……"表达个人需要
语言项目	**主要用语**	1. 我和韩江要买东西，你去吗？ 2. 好的，我们一起去。 3. 你要买什么？ 4. 我买薯片，我特别喜欢薯片。 5. 我一天要吃五个冰淇淋。 6. 你们看，我像姚明吗？
	词汇	和、要、买、去、吃、喝、像、好的 薯片、可乐、冰淇淋、光盘、篮球 天、包、瓶、顶 一起、特别、哎
	语法	1. 量词 2. 动词"要"的用法
文化项目		1. 美式快餐在中国 2. 购物场所 3. 二泉映月

　　本集教学的核心内容包括上面所列的语言、文化项目，最后目标是学生能运用所学的语言文化项目完成交际任务：用"我要……"表达自己的需要。

　　具体课堂教学步骤大致遵循"学一学"、"练一练"、"试一试"和"玩一玩"的顺序。

⊙ 学一学

　　登录以后，进入剧情预览部分，浏览 storyline。然后进入"学一学"模块。本集故事分为 3 个场景：

场景一

陆大伟：喂，子欣吗？我是大伟。
王子欣：大伟，你好！
陆大伟：我和韩江要去买东西，你去吗？
王子欣：好的，我们一起去。

王子欣：韩江，你要买什么？
韩　江：我买薯片，我特别喜欢薯片。
陆大伟：韩江一天要吃三包薯片！
王子欣：大伟，你呢？
陆大伟：我买可乐，我特别喜欢可乐。
韩　江：大伟一天要喝四瓶可乐！你……
王子欣：我，我一天要吃五个冰淇淋！

场景二

韩　江：我还要买光盘。
王子欣：什么光盘？
韩　江：音乐光盘。
王子欣：什么音乐？
韩　江：中国音乐！我喜欢二胡。
王子欣：你买这个吧，特别有名。
韩　江：《二——泉——映——月》，好的，我买这个。

陆大伟：你要买篮球？
韩　江：你们看，我像姚明吗？
陆大伟：像，真像！
王子欣：像，特别像！
韩　江：但是，姚明不像我！

场景三

王子欣：你们看，(指帽子) 真漂亮！我要买一顶。
陆大伟：明天是夏令营最后一天，我也要买一顶。
韩　江：真漂亮！你们看，我像子欣吗？
陆大伟：像，真像！
王子欣：像，特别像！
韩　江：但是……(三人一起大笑)

韩　江：我要吃薯片。哎，薯片呢，薯片在哪儿？
陆大伟：我要喝可乐。哎，可乐呢，可乐在哪儿？
王子欣：我要吃冰淇淋。哎，冰淇淋呢，冰淇淋在哪儿？
一　起：(大笑) 在商店里！

对于故事主体部分，在课堂上可以分场景处理。程序是先准备一个较为简单的问题，让学生带着问题观看一遍。接着再观看一遍或多遍，并让学生回答较具细节性的问题。在学生对故事内容理解之后再让他们完成与所学场景相对应的"故事朗读"部分。

场景一

● 故事欣赏

要求学生看一遍以后，回答下面的问题：

Where are they?

再观看一两遍以后，让学生回答下面的问题：

What do they want to buy?

What's John's favorite snack? How much does he eat each day?

What does David want to buy? How much does he eat each day?

What does Cindy want to buy?

Why do John and David seem to be surprised?

● 故事朗读

完成"故事朗读"部分对应于场景一的句子。

场景二

● 故事欣赏

要求学生观看一遍以后，回答下面的问题：

What does John want to buy?

学生再看一两遍以后回答下面的问题：

What kind of music does John like?

Why does Cindy recommend *The Moon Reflected on the Second Spring*?

Do Cindy and David really think that John looks like Yao Ming?

● 故事朗读

完成对应与场景二的"故事朗读"部分。

场景三

学生一遍后，回答问题：

Have they bought what they wanted to buy?

学生看一到两遍后，回答问题：

Does Cindy like the cap?

Why does David want to buy a cap?

Where are they now?

What happen to their shopping items?

● 场景探索

本集场景探索包括两个场景，场景一展示的是常见的球类及其配套用品；场景二是一些常见的饮料和水果（除了薯片）：

场景一		场景二	
1. 橄榄球	rugby ball	1. 苹果	apple
2. 足球	soccer	2. 香蕉	banana
3. 篮球	basketball	3. 西瓜	watermelon
4. 羽毛球	shuttlecock	4. 梨	pear
5. 乒乓球	ping-pong ball	5. 葡萄	grape
6. 网球	tennis ball	6. 牛奶	milk
7. 排球	volleyball	7. 果汁	fruit juice
8. 乒乓球拍	table tennis bat	8. 薯片	potato chips
9. 羽毛球拍	racket	9. 雪碧	Sprite
10. 网球拍	tennis racket	10. 纯净水	purified water
11. 运动鞋	sport footwear	11. 绿茶	green tea
12. 冰鞋	skating boots	12. 啤酒	beer
13. 哑铃	dumbbell	13. 可乐	coke
14. 滑板	skateboard		
15. 跳绳	skipping rope		
16. 帽子	cap		

本集场景探索中呈现的词较多，可以让学生从两个场景中各选择三种以上的词，并掌握其发音和意思，其他的也要能在听到时明白其意思。

针对场景一中的词，老师可以在学生学习后做一个简单的游戏：老师说出一个词，要求学生做出一个玩该球（或其他物品）的动作。如老师说"足球"，学生需要做出踢的动作。

也可以让一个学生说词，别的同学表演。

● 文化注释

让学生自己看课件介绍，大致了解一下中国的美式快餐和中国的购物场所，并欣赏"二泉映月"。

● 语言注释

本集语言注释内容是"要"的用法和"什么（＋名词）"。

"要"的用法的例子包括"我要去中国（美国）"、"大伟要喝可乐"和大量"我要买……"的例句。

"什么（＋名词）"的注释包括"什么衣服"和"什么书"等，形式为对话。

⊙ 练一练

本模块分词语表、理解、表达、汉字、语音、自评6个部分。

● 词语表

词语表列有本集的20个生词及其拼音和英语翻译，另有6个词作为呈现内容。学生可以进行集中学习、复习巩固。

● 理解

理解部分包括4个活动，活动1至3是词语练习，活动4为句子练习。

活动1至3分别为汉字和意思的匹配、图和汉字的匹配、以及量词的填空练习。

活动4要求学生为4个句子与它们的英语翻译配对。

● 表达

该部分包括4个对话，学生分别需要充当1和4中的陆大伟、2和3中的韩江：

对话1

售货员：你要买什么光盘？

陆大伟：我要买音乐光盘。

对话2

王子欣：你要去哪儿？

韩　江：我要去教室，我有汉语课。

对话3

王子欣：我要去买冰淇淋，你去吗？

韩　江：好的，我们一起去。

对话4

韩　江：你一天要喝几瓶可乐？

韩　江：我一天要喝四瓶可乐。

● 汉字

这部分包括两个活动：

活动1为"汉字故事"，介绍了"天"、"包"和"光"3个字的字义演变和一些相关的文化知识。

活动2为"汉字书写"，要求学生练习"我"、"要"、"去"、"买"、"东"、"西"6个字的写法。

● 语音

语音部分包括4个活动，其中活动1是声调演示，后3个活动为声调和音节练习。

活动1声调演示部分包括17组声韵组合带不同调值的发音演示；活动2是12个声调练习，学生根据界面上的汉字（同时可以点击右侧的小喇叭听发音），选择不同的声调；活动3是7个多音节词的声调练习，学生需要根据读音和汉字选择标有正确声调的拼音形式。

活动4是根据拼音形式选择词语，共有5个单音节词和7个多音节词。

语音部分可以选择部分在课上完成，也可以全部要求学生自己学习。

⊙ 试一试

这部分包括3个对话，前两个对话分别由王子欣和韩江发起。第三个对话需要学生在熟练掌握所给句子的基础上，主动发起对话，场景是在夏令营的商店里买光盘。

3个会话设计了不同的场景，让学生练习使用本集的重点句型"我要……"和量词"个"。学生需要自己说出"我要去商店"、"我要买光盘"和"我要一个"等句子。3个会话的内容如下：

会话（一）

（场景：王子欣在夏令营的路上。）

王子欣：你好，你要去哪儿？

学　生：我要去商店。

王子欣：去买什么？

学　生：我要买光盘。

王子欣：我也要去商店，去买冰淇淋，我们一起去吧！

学　生：好的。

会话（二）

（场景：夏令营外，韩江站在路边草地上。）

韩　江：你好，你要去商店吗？

学　生：对，我要去商店。

韩　江：你要买什么？

学　生：我要买光盘。

韩　江：我也要去商店，去买薯片，我们一起去吧！

学　生：好的。

会话（三）

会话（三）需要学生预先练习的3个句子：

1．你好！

2．我要买光盘。

3．我要买一个。

（背景：语言夏令营的商店里，售货员站在货架旁。左边是王子欣，在吃冰淇淋；右边是韩江，戴着耳机，听着CD。）

学　生：你好！

售货员：你好！你要买什么？

学　生：我要买光盘。

售货员：光盘在这儿，你要买几个？

学　生：我要买一个。

售货员：好的。

⊙ 玩一玩

这里有两个游戏："机器人"和"大灌篮"。

"机器人"是针对12个汉字设计的。这12个汉字如下：

要、买、去、天、包、瓶、像、顶、课、上、在、和

"大灌篮"针对本集故事的内容和其他一些相关知识，问题如"What does John Hanks like to eat"、"In Chinese, the appropriate sequence to say October 1,1949 is…"等等。

⊙ 补充活动

课上可以让学生做一个交换物品的游戏。将本集和前几集出现的一些物品的图片（或至少文字形式）写在卡片上，物品的种类跟班上同学的数量相同；每种物品的数量也跟学生数相同。如班里有5名同学，则需要准备5种物品的卡片，每种物品的卡片需要5份，所以卡片总数为25份。

如果人数较多，可将同学分组。每组人数最好不要超过七八名。

游戏的玩法：每个同学都得到写着其中一种物品名称（画有其图片）的所有卡片。游戏开始后，每个人需要跟别人交换卡片，目的是得到每种物品的卡片各一张。比赛谁最先收齐所有物品的卡片。

此游戏的变体还有：开始时每个学生得到所有物品的卡片各一张，他们的目标是收齐一种物品的所有卡片。

此变体还可以增加难度：要求其中的一种物品无效，即最后手里不要拿着这种物品的卡片。

第八集　夏令营最后一天

本集主要教学内容

交际任务		1. 问答日期 2. 用"……好吗"提出要求
语言项目	主要用语	1. 今天几号？ 2. 二十七号，今天是夏令营最后一天。 3. 这是我们送给你的花。 4. 我们一起合影，好吗？ 5. 我也要和马老师合影。 6. 谁帮我们拍照呢？
	词汇	今天、明天、二十七、三十、号、夏令营 最后、花、茄子、中国结、上海、北京 送给、回、合影、帮、拍照、说 所以
	语法	1. 日期（号）的表达 2. 所以 3. "呢"的用法
文化项目		1. 中国结 2. 上海 3. 北京 4. 拍照用语 5. 时间顺序

　　本集教学的核心内容包括上面所列的语言、文化项目，最后目标是学生能运用所学的语言文化项目完成交际任务：询问和回答日期，用"好吗"提出要求。

　　具体课堂教学步骤大致遵循"学一学"、"练一练"、"试一试"和"玩一玩"的顺序。

⦿ 学一学

登录以后，进入剧情预览部分，浏览 storyline。然后进入"学一学"模块。本集故事分为 4 个场景：

场景一

王子欣：大伟，今天几号？
陆大伟：二十七号，今天是夏令营最后一天。
韩　江：我要去买花。
陆大伟：我们一起去。
王子欣：送给我吗？
陆大伟：对，送给你，也送给马老师！

场景二

陆大伟：马老师，这是我们送给你的花。
马老师：真漂亮，谢谢你们！我也有东西送给你们。
韩　江：这是什么？
王子欣：我知道，这是中国，中国……，中国花！
马老师：这不是中国花，这是中国结。
王子欣：对对对，是中国结。
陆大伟：啊，中国结，真漂亮！
韩　江：对，特别可爱。谢谢马老师！

场景三

陆大伟：马老师，上海在这儿，对吗？
马老师：对。你们知道吗？我家在上海。
陆大伟：你家在上海，所以你要回上海。
马老师：对。
陆大伟：马老师，你家有几口人？
马老师：我家有四口人，爸爸、妈妈、我，还有一个弟弟。
王子欣：马老师几号回上海？
马老师：我三十号回上海。大伟，你呢？几号去北京？
陆大伟：啊，我明天去北京。

场景四	王子欣：马老师，我们一起合影，好吗？
	马老师：好的。
	韩　江：我也要和马老师合影！
	陆大伟：我们四个人一起！
	王子欣：谁帮我们拍照呢？
	韩　江：看，罗斯！
	陆大伟：罗斯，你帮我们拍照，好吗？
	罗　斯：好的！大家一起说"茄——子"！
	众　声："茄——子"！

对于故事主体部分，课堂上可以按场景一个一个地处理，也可以将场景一和二放在一起；场景三和四放在一起。每个场景的处理程序是先让学生观看一遍，回答一两个全局性的问题，接着再观看一遍或多遍，并让学生回答较具细节性的问题。在学生对故事内容理解之后再让他们完成与所学场景相对应的"故事朗读"部分。最后处理语言注释、文化注释和场景探索。

场景一

● 故事欣赏

学生看一遍以后，回答下面的问题：

What do they want to buy?

再观看一遍或数遍以后，让学生回答下面的问题：

What is the date today?

Why do they want to buy flowers?

● 故事朗读

完成"故事朗读"部分对应于场景一的句子。

场景二

● 故事欣赏

学生观看一遍以后，回答下面的问题：

What does Teacher Ma bring?

学生再看一遍或多遍以后回答下面的问题：

Does Cindy know the Chinese name of Chinese knit?

How do they think about the Chinese knit?

● 故事朗读

完成对应于场景二的"故事朗读"部分。

场景三

● 故事欣赏

学生看一遍后，回答问题：

Where's Teacher Ma going to after the Language Camp?

学生再看一两遍后回答下面的问题：

How many members are there in Teacher Ma's family? Who are they?

When is Teacher Ma going to Shanghai?

Will David go to Beijing soon? And when?

● 故事朗读

完成相应的句子朗读。

场景四

● 故事欣赏

学生看一遍后，回答问题：

What are they doing?

学生再次观看以后，回答问题：

Who helps them take pictures?

What do they say while taking pictures?

● 故事朗读

完成相应的句子朗读。

● 场景探索

本集场景探索部分主要是一些世界城市和中国的地名。

场景一			场景二	
1. 北京	Beijing		1. 乌鲁木齐	Urumqi
2. 纽约	New York		2. 哈尔滨	Harbin
3. 渥太华	Ottawa		3. 拉萨	Lhasa
4. 墨尔本	Melbourne		4. 西安	Xi'an
5. 惠灵顿	Wellington		5. 南京	Nanjing
6. 莫斯科	Moscow		6. 广州	Guangzhou
7. 伦敦	London		7. 香港	Hong Kong
8. 巴黎	Paris		8. 上海	Shanghai
9. 开罗	Cairo		9. 武汉	Wuhan
10. 新德里	New Delhi		10. 长春	Changchun
11. 东京	Tokyo		11. 重庆	Chongqing
12. 墨西哥城	Mexico City		12. 北京	Beijing
13. 柏林	Berlin			

本部分内容可由学生自己凭兴趣观看。如果有时间，可以适当介绍中国的几个大城市（如北京、上海、广州和西安）和美国的纽约，其中西安在应用部分还会出现，所以可以重点介绍一下，纽约因为学生熟悉，重点让他们熟悉在汉语中的发音。

● 文化注释

本集的文化注释包括中国结、上海、北京、拍照用语和汉语的时间顺序。老师可以重点强调一下汉语的时间顺序，并检查一下学生的理解情况。可以用英语给学生几个时间，让学生用汉语表达。

其他项目可以根据学生的兴趣有选择地补充讲解。不必进行检查。

● 语言注释

本集的语言注释包括"今天几号"、"呢"和"好吗"的用法和相应的练习。

"今天几号"的注释包括3个简短的对话，和一个词序练习，要求学生将"几"、"号"、"今天"组成"今天几号"。

"今天几号"可以根据上课时的实际日期，跟学生进行问答练习。本集的"练一练"和"试一试"模块中还有相关的练习。

"呢"的例子包括5个句子和两个对话。并附有8个"吗"和"呢"的选择练习。老师需要让学生明白"吗"和"呢"出现在不同的问句类型。

"好吗"的注释用两个单句和两个对话的例子说明其用法。老师可以补充一两个练习，如"你买可乐送给我，好吗"、"你帮我，好吗"等等。

⊙ 练一练

本部分包括词语表、理解、表达、汉字、语音和自评6个部分。

● 词语表

词语表列出了本集的19个生词及其拼音和英语释义，可以供学生进行系统复习。

● 理解

理解部分包括3个活动，活动1和2是词语练习，活动3为句子练习。

活动1主要是20个词语的形音义配对练习。要求学生进行词语和英语释义的匹配。

活动2是图和词语的匹配练习，包括：

茄子、花、中国结、谁、合影、送给、拍照、说

活动3要求学生根据英语意思，将所给的词语组成正确的句子（共5句），需要注意的是语序。

● 表达

该部分包括4个对话：

对话1

王子欣：明天几号？

陆大伟：明天二十七号。

对话2

韩　江：马老师，你几号回上海？

马老师：我三十号回上海。

对话3

陆大伟：我们一起合影，好吗？

韩　江：好的，我们一起合影。

对话4

王子欣：张老师家在北京。

陆大伟：所以他要回北京。

● 汉字

这部分包括"汉字故事"和"汉字书写"。

"汉字故事"对"令"、"回"、"明"3个字的字义演变和相关的文化知识做了简要的介绍。

"汉字书写"部分练习的内容为"明"、"天"、"回"、"中"、"国"5个汉字。

● **语音**

语音部分包括4个活动，其中活动1是声调演示，后3个活动为声调和音节练习。

活动1声调演示部分包括12个音节；活动2是6个声调练习，学生根据界面上的汉字（同时可以点击右侧的小喇叭听发音），选择不同的声调；活动3是8个多音节词的声调练习，学生需要根据读音和汉字选择标有正确声调的拼音形式。

活动4是根据拼音形式选择词语，共有6个单音节词和7个多音节词。

语音部分可以选择其中的一部分在课上完成，也可以全部要求学生自己学习，老师过后检查学习的情况。

⊙ **试一试**

这部分包括3个对话，前两个对话分别由韩江和王子欣发起。第三个对话需要学生在熟练掌握所给句子的基础上，主动发起对话。3个会话设计了不同的场景，让学生练习使用本集的重点句型"今天……号"和前面几集学的部分句型。学生需要自己说出"今天27号"、"张老师在哪儿"和"你今天有课吗"等句子。

会话（一）和会话（二）的内容如下：

会话（一）

韩　江：你好！今天几号，你知道吗？

（画面中出现一个日历，显示二十七号。）

学　生：今天二十七号。

韩　江：今天是夏令营最后一天。

学　生：对，你今天有课吗？

韩　江：没有课，我们要和张老师一起合影。

学　生：张老师在哪儿？

韩　江：张老师在教室里。

会话（二）

（场景：夏令营外。子欣坐在长椅上，旁边是一束鲜花。）

王子欣：你好！（伤心地）今天是夏令营最后一天。

学　生：对，这是谁的花？

王子欣：这是送给张老师的花，张老师在哪儿，你知道吗？

学　生：张老师在教室里。

王子欣：谢谢！

会话（三）学生需要充分练习以便在会话中使用的句子是：

1. 张老师好！

2. 这是子欣送给你的花，对吗？

3. 张老师，你去中国吗？

4. 你几号去中国？

会话（三）

（场景：教室里。张老师站在讲台前，旁边是刚才的那束花。）

学　生：张老师好！

张老师：你好！

学　生：这是子欣送给你的花，对吗？

张老师：对。今天是夏令营最后一天，所以子欣送给我花。

学　生：张老师，你去中国吗？

张老师：去。

学　生：你几号去中国？

张老师：二十八号。

⊙ 玩一玩

本集的游戏是"飞船"游戏和"攀岩"游戏。

"飞船"游戏练习内容为生词的声调练习；"攀岩"游戏为综合性练习，包括词的练习和有关课文内容的练习。

⊙ 作业

两个同学一组，编一段对话，商定一个时间一起去某地或干某事。要求使用日期表达法和"……好吗"格式。

图书在版编目（CIP）数据

乘风汉语教师用书. 1 / 黄立编著. —北京：高等教
育出版社，2005.7（2009 重印）
ISBN 978 - 7 - 04 - 018211 - 8

Ⅰ. 乘... Ⅱ. 黄... Ⅲ. 汉语 - 对外汉语教学 - 教
学参考资料 Ⅳ. H195.4

中国版本图书馆 CIP 数据核字（2005）第 077666 号

责任编辑	白震坤 梁 宇	封面设计	王凌波	插图选配	华夏大地教育网
版式设计	阳光领域	责任校对	许月萍	责任印制	韩 刚

出版发行	高等教育出版社	购书热线	010 - 58581118
社　　址	北京市西城区德外大街 4 号	免费咨询	800 - 810 - 0598
邮政编码	100120	网　　址	http://www.hep.edu.cn
总　　机	010 - 58581000		http://www.hep.com.cn
		网上订购	http://www.landraco.com
经　　销	蓝色畅想图书发行有限公司		http://www.landraco.com.cn
印　　刷	北京中科印刷有限公司	畅想教育	http://www.widedu.com

开　　本	889×1194　1/16		
印　　张	4	版　　次	2005 年 7 月第 1 版
字　　数	150 000	印　　次	2009 年 4 月第 4 次印刷

本书如有印装等质量问题，请到所购图书销售部门联系调换。　　ISBN 978 - 7 - 04 - 018211 - 8